麦子熟了

雨江南 著

长江出版传媒　长江文艺出版社

雨江南

本名彭克斌，项目管理硕士。九三学社十五届中央委员会参政党理论研究中心研究员，北京大学访问学者，重庆市作家协会会员。已出版诗集《流泪的童年》《那些花儿》、专著《转型期平面媒体的状况及管理》，主编《与北大相遇》《穿越时空握个手》等文集多部。

写在前面的话

　　诗人雨江南从小生活在中国南方一个叫"长五间"的村庄，通过读书走出乡村。因父母一直在老家生活，在城市工作的他，经常回去走走看看，他对这个村庄产生的深厚感情辐射到了整个农村。本书通过书写亲情、乡恋以及对那片土地上的人和事物之间产生的关系，展现人性之美、时代之美。

　　雨江南的诗歌创作在某种意义上体现出了"日常性"的特点。他以熟悉的人、事为参照，激发内心的感悟，表现出持久的生命力。尤其是对父亲、母亲等亲人之间细腻情感的书写，将生活的自然本色呈现得淋漓尽致，有爱的温度，有村庄的烟火味，是普通百姓家庭日常生活的写照。

　　他的诗作既有古典诗歌的意趣，又有现代诗的抒情，创作真实，语言朴素，寓有意境，有较强的画面感。他的诗没有对抗，也没有回避乡村的生存之痛，而是以鲜活的身心经验，客观地表现农民的朴素之美——淳朴、善良、坚韧。他的诗坦率、质朴、真诚，没有做作的痕迹，带领着读者返回到日常生活，返回到个人记忆，生动地再现了复杂的人生况味，以强烈的自我精神去展示人的价值和尊严。

任何时代的文学都离不开乡村，离不开乡村土地上勤劳的人们，把乡村的巨大变化、品质和本色真实地反映出来是每一个书写者的历史使命。无论您出生在哪里，生活在哪里，本书集中呈现的内容都会让您找到心中的故乡。

文化赋能乡村发展，乡村日新月异的变化也一定会让"乡村文学"快速崛起，诗歌这种特殊的记录形式，势必会受到更多读者特别是农民朋友的欢迎与喜爱。

诗集《麦子熟了》的出版无疑很好地契合了时代的要求。

目 录

第二辑：家人之名

第三辑：麦子熟了

第五辑:找寻自己

第六辑：凝望生活

第八辑：我的自白

第一辑：不寐乡愁

▼

刀沿着这些清晰的纹路
切到了芳香的泥土
也切到了夜夜不寐的乡愁

一滴雨水

顺着瓦檐迅速地融入老屋的土地
一截枯枝在草丛中长出鹅黄期许
童年用过的铁环
还有柳条做的鱼竿
永远地挂在时光的墙壁上

我顺着父亲斑驳的掌纹
打开灯光
一步一步地进入薄雾笼罩的村庄
祖母安详地躺在村子的右侧
她长满杂草的坟茔
时刻提醒我
如今，我是一个不折不扣的外乡人

长五间的黄昏

两个熟透了的桃子
从枝头齐刷刷地掉下去
一只冠子发红的大公鸡正好路过
一群虫子扯着耳朵大喊
傍晚的时光
是我们的时光
这些情节
正在厨房做饭的母亲
是不会知道的

一只灰喜鹊兴高采烈地
从屋檐上跳下来
我的出现，惊得它迅速振翅
飞上了天空

老　屋

每一次回去
熟悉的味道越来越少了
旧时的东西
总是在父母斑驳的手中
叠出一些新事物

屋顶不再盖瓦
塑料棚布与竹子搭配
门前不再植树
一把茅草成了老屋的
眉毛

墙角的石磨不在了
一堆杂物顺着雨水流下
院子越来越寂寞
偶尔两声鸟鸣
或者犬吠
才让村庄有了
些许气息

烟

在村子周围
唯一能与你融为一体的
就是雾了

从晨钟到暮鼓
从青涩的少女到耄耋之年
我的母亲
长年在雾下劳作

直到村庄的喧嚣
在黑夜中熟睡
我才会在昏暗的油灯下
见到她的白发

想起长五间

想起长五间
就会想起一座青瓦房
房前有三块地坝
一块位于厅口①前
清一色的石板铺成
下雨，雨水顺着屋檐
倾斜而下
在一尺高的阴沟上
形成一道白色的水帘
前面的地坝
被路心一分为二
在路心的尽头
一道青石门坎
让我的童年若隐若现

想起长五间
就会想起两棵银杏树
一边一棵
在青石门坎的两边

---

① 厅口，厅堂前的石阶上，西南官话。

每逢夏天

冠大叶密

无论艳阳高照

还是斜风细雨

一家五代人

在奶奶的带领下

环绕而坐

成人话家常做针线

孩子们玩游戏

想起长五间

就会想起屋前左侧的那口水井

外圆内方约两丈深

春秋两季水溢出井

青蛙小鱼游进游出

我们一帮兄弟姐妹

叔侄常常趴在井沿

用一根枯枝

或者竹竿

追逐着这些像邻居

一样的亲朋

后来长大了些

夏天干旱

井水下降

我们这帮光屁股小子

常常被叔伯婶子

哥嫂叫去下井舀水

踩着湿滑的

小口磴①

双手抓着井壁爬上爬下

有时，一不小心

掉进井底

全身打湿

成了落汤鸡

想起长五间

就会想起屋前

那条蜿蜒起伏的乡村小路

在二十世纪八十年代至九十年代

每逢节日和赶集

父老乡亲

四方近邻

行人如蚁

将原本凸凹不平的泥土小道

踩出了光亮与繁华

—————————

① 小口磴，水井里供人攀爬的梯步。

黄昏的村庄

青瓦丰盈
在低处飞翔，我的手
在裤兜之间
保持平衡

一只鹭鸟
从池塘出发
灰色的翼
在水波里
摇呀摇

上　坟

一个人的孤独在晨曦中闪现
那些深夜狂欢的人
在梦中流连

一座青山横着几座坟茔
一条弯曲的小路
我们顺着齐人高的草丛
走了五十年

有一天，带头的父亲也老了
村庄连接起伏跌宕的山峦
山峦滋养着青草
青草生长着浓密的岁月

此刻，一只孤独的乌鸦
站在一棵饱经风雨的桉树上
仔细打量着跪地的我们
一堆纸钱
一串串鞭炮
在火光中呢喃

长五间

在木耳坪的旁边
在彭家沟的崖上
那里有一座用石头砌成的大坟
坟头上的花纹
是远近闻名的路标
从坪上下来的人靠左走
从沟下上来的人靠右走

只有长五间的人
无论老少想怎么走
就怎么走
风水先生说
这家人命硬
赶车坐船不怕风雨

老木匠

驼背，走路迟缓
他拿尺量木的姿势
专业到位

老木匠很多年没人请了
父亲这次请他
是因为市场上买不到
在工业制造 4.0 的今天
木制产品大多实现了
规模化生产
唯有祭坛是需要专人打造的
老木匠一生的绝学宝典
在这个时候凸现出来

弹墨线、砍毛、刨花
眼描，一连串的手法
老木匠屏气敛息，环环紧扣

见到有人围观
他不时地停下手来
认真地讲解要诀

似懂非懂，围观的人不需要
完全明白，老木匠也不管看的人是否爱听
讲到精彩之处，口吐碎沫
抬头望着远处，手捻花白的胡须
仿佛沉浸在岁月的长河

老木匠每天九点按时来
下午六点准时走
一根竹棍不离手

一碟花生米
一盘腊肠，二两白酒
老木匠每顿的伙食

母亲说，这是她一生中
最好待的客人

那段时间，父亲每天
坐在堂屋的门槛抽叶子烟
偶尔，老木匠也找父亲借抽一两次
整个腊月，老木匠坚持到了年三十
春节，祭坛终于发挥了用场
全村同族人跪拜在下面
父亲念念有词
场面之宏大，之壮观

老木匠的作品
闪烁着历史的传承
和人性的光芒

据说，祭祀那天
老木匠已经无法下床
他要求他孙子来现场摄像
带回去他看
据说，老木匠看完之后
非常激动
不一会就口吐白沫断了气
断气时
他手指着录像里的祭坛
这是否他一生最好作品
我们不得而知

我知道这事
也是离开家乡三十年后
父亲老了
在一次生病中无意讲起

清　明

门前的芍药花开了
红的，像父亲喝过的酒
白的，像奶奶灵上挽着的结

奶奶离开我们的那晚
父亲流着泪在棺材旁
絮絮叨叨地说了一夜

我记忆中的奶奶
是从知事开始的
那年我三岁，奶奶八十三岁
她在院子里水井旁
浸泡自己斑白的长发
我蹲在边上
不时地给她的头浇水
奶奶的手正好在前方
很小，不规则
像两个刚出土的红薯
黄中带白

清明时节细雨纷纷

父亲和往常一样
坐在门前的椅子上发呆
我看芍药花，红的像酒
白的像挽着的结

谎　言

固执强势一生的母亲
此刻是个安静的孩子
她坐在妹妹家里的沙发上
听我讲解病情
"医生说，您有肿瘤因子
明天须做进一步检查
今天晚上十二点后
不能进食，不再饮水
估计是胰腺癌出现的早期
没有生命危险
但要做好长期治疗的准备
……"

对母亲说这些话
她的眼睛一直盯着我看
每一个表情
让我像做贼一样心虚
那些看似自然的话
其实漏洞百出

母亲啊，您哪里知道

您疼爱一生的儿子

此刻，心如刀割

您的病，医生说已到了无药可救的地步

您的命，此时已接近

走到了人生的尽头

阳光照在河床上

这里以前是一条河流

两条斑驳的铁船
斜插在泥沙里
桅杆上飘扬的破旗诉说着
曾经的繁华

河中的枯枝上
站着五只不知名的水鸟
伸长的脖颈
警惕着往来两岸
匆忙的行人

三个打着赤脚的男孩
在星罗棋布的小水坑
走来走去
网兜里的鱼和蟹
成了手中的猎物

我坐在河沿的一块大青石上
看太阳从东边走到西边

整整一个中午

没有说一句话

给 你

明天来吧
早上的门口
给你一朵鲜艳的小花

那是我今夜精心准备的
在窗台，我一夜未眠
夜宿的鸟儿和虫鸣
可以作证

在房子的旁边
一朵朵洁白的小花
正在夜的栅栏
冒雨渐次开放

我选的那一朵呀
你要认真地看
它有思念的泪滴

步入中年

这个二月
雨水怀念冬日的阳光
大地怀念刚刚融化的冰雪
我怀念我自己
远逝的青春

步入中年
操心的事很多
父母老了，什么时候
一个意外让你泪流满面
孩子大了，你无法
和他一起飞越高山大海
妻子呢，要在胸腔上
建一幢大房子，随时可以装下
她那多愁善感的心

这个二月，怀念有什么用
我多像一个穿着花衣的丑角
在钢丝上奔跑
耍酷

一把菜刀

菜板上的葱呀姜呀
只是生活的调料
那些切开的纹路
顺着我的心情展开

我知道，每一截
每一毫米都舍不得放进锅里
那些鲜活的生命
曾经丰满过
饥饿的童年、少年、青年

我常坐着或站着
靠在母亲的右手边
专注地洗涤或者盯着
这些在泥土里长大的精灵
并认真地摆好每株的位置
像对待供奉的祭品
那么虔诚
那么安静地冥想

刀，一刀一刀地切下去

我看见饱满的种子

新鲜的嫩芽

和迎风逆长的叶子

看见三月的土地里

父亲身披蓑衣、斗笠

还有他手中的

那把锃亮的锄头

锋利的口刃

不停地捻土、打窝、除草

父亲啊，你雨水下的鬓发

越来越比天空亮

你渴望丰收的眼神比水牛产崽还急

我用一把菜刀

不紧不慢地切着

刀沿着这些清晰的纹路

切到了芳香的泥土

也切到了夜夜不寐的乡愁

第二辑：家人之名

▼

挪动的脚步

沉默的寂静

让我泪水涟涟

乡下的表弟

表弟小我三岁
他的双手
像父亲粗糙的脸
阡陌纵横

表弟好客
每年在他家团聚
他和我们一样
大口吃菜
大碗喝酒
不醉不罢休

表弟很谦卑
我们打牌
或者闲聊的时候
他总是从上衣口袋里
掏出两种牌子香烟
贵的
递给我们
便宜的
留给自己

阁楼上的牌匾

烫着金字，它见证了
家族的兴衰与荣辱

一百多年前
它挂在我们家
堂屋的中央
接受先人的膜拜
后来它被放在了墙角
独自忍受岁月的
孤独和冷漠

现在它成了一块挡板
被母亲扔在阁楼上
与一堆废木混在一起
随时有被烧掉的危险
只有那闪闪发光的
几个金字
还偶尔让人
想起它曾经的荣耀与辉煌

独居老人

从椅子上爬起来
像一头年老的牛
一步步地挪到太阳底下

好久没见阳光了
椅子和他一样饱尝
阴暗与孤独

孩子们
一个个长大
一次一次地不断离开
留下破烂的房子

没有鸟鸣的下午
他端坐在天井的石椅上
看太阳从左边走到右边
看白色的屋檐
变成黑色的墙

邻　居

水里长出的胡须
是一棵树的坚持
在山里
在院子的左边
在母亲挑水淘菜的下面
这棵树
见过我的爷爷
也和父亲有过亲密接触

听奶奶讲
我父亲娶我母亲时
这棵树还受过伤
帮忙的师傅
把鞭炮挂在树枝上
炸了整整三个小时
这棵树
硬是一声没吭
默默地流了三天三夜的
眼泪

她的命

她张开腿
在等一个婴儿降临
她使劲地用力
床架子摇得吱吱地响
她母亲也在旁边
为她加油

她知道，她母亲
也是这样生她的
只不过不是在床上
是草堆，一块水田的旁边

九月的太阳慢吞吞地下山去
她母亲和父亲在田里收谷子
怀孕七个月的母亲
突然阵痛
她镇定自若
一边指挥她的父亲
铺上新鲜的稻草
一边用手抓住
从土坎上

垂下的桑椹枝条

全身使劲地用力

用力向下蹲

她想着这些

嘴角有了微笑

脸上泛起红晕

身上有了使不完的劲

夏肥肠

一盘卤牛肉，一份炖萝卜
在店门口的榕树下
不紧不慢地喝酒
冬日的阳光照在他身上
坐的竹椅发出褐亮的光

他的肥肠店正人来人往
忙碌的媳妇没有叫他，也没时间看他
作为远近闻名的品牌店
夏肥肠用青春和汗水
实现了今天的生意兴隆

他也因此落下了
腰痛、肩痛、手痛和脚痛的毛病
此刻，他正躺在椅子上
上气不接下气地喝酒
他抿嘴的模样
让我想起了小时候
见过，现已逝去的爷爷

惊　蛰

油菜花开了
一只燕子衔着泥
飞过父亲低矮的屋檐
田埂那头
跑过来
一个扎羊角辫子的
小女孩
她涨红着脸
叫了我一声叔叔

在阳光下睡觉

天为纱地为床
我在明媚的阳光下
睡觉
那些青草伴着泥土的芳香
那些清脆的鸟鸣
还有那些不知名小虫
也在呼唤
我童年的记忆

在故乡
在老家的土地上
不论什么姿势
都能让我很快地进入
梦乡

昨日立春

宜动土，宜嫁娶
我的姐姐
从楼上搬到了楼下
她补鞋的生意
从昨天开始了

父亲说，过完正月十五
才叫过完年
姐姐说，人勤春早
在农村，鸭子早已下田啦

姐姐啊姐姐
一个人支撑一个家
娃儿上学的学费
还要靠这几天的收入

母亲送我一只鸭

不大不小两斤重
在南方农村
一只仔鸭的生长周期
是三百六十五天

父亲说
这是一只老鸭
从五斤重
又往回长了
别看它轻了不少
在市场上
可卖仔鸭价的三倍

母亲送我一只鸭
我小心翼翼地抱起来
给它铺好垫子
放在车的后座上
拴好安全带
像孩子一样
疼它

姐　姐

姐姐是一枚早熟的果子
从枝条上摘下来
一直放在灶台上

小时候，我放牛，割草
见证了她的青春
每次放学归来
铁锅里温热的饭菜
一定会填满我饥饿的胃

现在，我云游四方
浮萍一样飘零
少有的时日
和姐姐相聚
她还是用那早熟的手
洗菜，煮饭
偶尔相视微笑

只是额头的白发
再也托不起那枚
果子的丰盈和甜

摔伤的父亲

父亲的腰摔坏了有些时日
我和姐姐妹妹轮流去看他
他也有些期待
每次刚见面就问我什么时候走
这些年，父子俩分开的时间
总比见面多
有时两三个月才通一个电话
父亲老了，虚弱的声音失去了
他年轻时候的刚强

起身困难
医生说至少要躺三个月
这对于一个长年劳作的人来说
三个月卧床静养
简直要他命
他想努力地坐起来
和我平等地对话
他撑了撑粗糙的双手
一次、两次……还是无能为力
疼痛，让他老树皮般的脸有些变形
我示意他躺好不用起来

他表情尴尬

一生要强的父亲

这次终于败下阵来

我告诉他：

"跟您说不干（农活）了

您偏不听，这下好了，痛不痛嘛!"

埋怨中有心疼

也有许多无奈

父亲不说话

眼睛盯着天花板

不时地偷偷瞟我一眼

旁边的妹妹插话了

"以后不要再干（农活）了

弄出事来

花钱不说

谁有空闲时间来侍候您嘛!"

父亲不说话

眼睛望着我们兄妹俩

一会看我

一会看我妹

母　亲

一生没见她
掉过眼泪的人
常坐在院子里
怀念桃花满园的春天

"那个时候
你还未出世，你奶奶
恋恋不舍地
把怀里裹着的二伯
交给了桃树下
冰冷的泥土"
母亲对我说这番话时
我站在奶奶的病床前
奶奶努力地抬了抬手
指向窗外

父亲坐在一旁
吸着一杆叶子烟
一声不吭
沉默得像一座大山
奶奶是拉着我的手走的

不甘心的她
紧紧地
攥着我懵懂的世界

只有中年的母亲
常搬出一张凳子
坐在这棵桃树旁
自言自语

婶　婶

树，还在小时候的地方生长
奶奶早已不在了
大伯也不在了
我在田埂上奔跑
那个喊我慢一点的人
也不在了

我想去屋后的院子转转
院子长满青苔
窗户已破烂不堪
回头的瞬间
我仿佛看见她坐在堂屋的门槛上
端着一碗稀饭
对着我慈祥地笑

我不能一步一步地再深入
每个房间、每个角落
挪动的脚步
沉默的寂静
让我泪水涟涟

冬日里的父亲

没有雪
一地的阳光
在草地上
在屋檐上
也在父亲坐着的椅子上

以前
父亲是不坐椅子的
同样的日子
同样的下午
他的锄头
常常把草地上的阳光
切成片片的瓦
像雪一样
盖在老屋的房顶上

母亲的火钳

母亲是一个勤劳的农村妇女
无论春夏秋冬
她总围着一条打满补丁的长裙
在房前屋后的山林捡柴
长的枝条打成捆
小的草挽成结

那些年
我们家缺衣少粮
炊烟断断续续
母亲经常坐在堂屋的门槛上
拿着火钳
自言自语

现在，母亲老了
她依然勤奋地劳作
把房前屋后的
枯枝、树叶、稻草
收拾得干干净净
就像她鬓角的白发
一缕一缕的

母亲是一个勤劳的农村妇女
她的火钳
此刻正放在陈旧的窗台上
像一柄血染的长剑
熠熠生辉

想当将军的父亲

从未见父亲
单独做个决定
他的角色常常是一个士兵
服从与执行

很多年了
母亲的意见
能左右
他既定的方针和战略

偶尔
父亲也想当回将军
特别是节假日和下雨天
我们仨兄妹在家时
他平躺在椅子上
凭借酒力
发号施令

每当这个时候
只要母亲
经过他身边

或者叫他的名字

父亲便默不作声了

第三辑：麦子熟了

▼

那些涌动的金色麦浪
多么像晨曦中的海
大口大口地喘着粗气

春天的荷塘

这花镶嵌在泥土做成的镜框上
这云飘浮在晶莹的春水里

一群小鱼
悠闲自得
穿梭其中

我的心思呀
在那浅浅的荷塘
——那些白白胖胖的
小个子
才是我幸福的模样

等一场雪

站在寒冷的院子里
我的双手伸向灰蒙蒙的天空
仰着头，等一场迟到的雪

雪
晶莹的
飘扬的
就像您夏天的衣裙
迎着风，为我而来

我在南方的院子里等一场雪
等片片雪花
玲珑剔透的誓言
等一树的梅
开成风铃的模样

雪
压枝头
痛在我心
我爱着的雪
您会来赴约吗

麦子熟了

在父亲的庄稼地里
一只獾正在麦田
蹑手蹑脚地穿行
那些涌动的金色麦浪
多么像晨曦中的海
大口大口地喘着粗气

一只鸟低空盘旋
一只鸟由远及近

我站在
天地一色的田埂上
张开有力的双臂
迎接日出
迎接这秋天里
最耀眼的
光芒

父　亲

现在像一个长大的孩子
拿药的时候他跟在我后面
眼巴巴地望着我
我和医生的交谈从父亲的手臂开始
"那些血红色的斑点是有传染性的
您千万不能把它弄破"
医生的叮嘱由我转述给父亲
父亲的表情极像我小时候
他给我的警告，诚惶诚恐

父亲今年七十四岁了
过多的劳作让他原本强壮的身体
像田里成熟的稻子
风一吹东倒西歪
父亲的病是周六的中午发现的
他挽起袖子让我看
"发痒、轻微的疼痛"不停地漫延

父亲的叙述中夹杂着焦虑和不安
他的表情让人怜惜心疼
我决定带他去医院看看

他迅速换衣、洗漱

像一个许久未出门的孩子

满怀期待与憧憬

老年的父亲

走哪儿都要有人带着
谁和他见面多
他就和谁亲近
昨天去妹妹家吃饭
姐姐带着
今天来我家
姐姐在前
父亲在后

中午吃完饭
姐姐出门
他也起身要离开

父亲啊
现在的您
多像我小时候
您走哪儿
我就跟到哪儿
一人在前
一人在后

侄女的婚礼

侄女的婚礼
今天，将要在酒店里举行
这个孩子是我看着长大的
小时候，只要说她
就会哭鼻子
今晚过后
她就是大人①了

只是，我不知道
在漆黑的夜里
她还会不会站在门口
一手把着门框
一手捻住衣裙

---

① 大人，在中国南方一般指结婚成家之人。

爱

衣橱里黄色的小花裙
是去年旅游时买的
那天下午我们一起
在海边的沙滩上
画了一个比身体还大的圆

年前吃团圆饭时
你给我说，等夏天到了
我们还乘船出海
赤脚走沙滩
在礁石上抱抱
用我写诗的手

接通知的那天中午
我一点不意外
牺牲与明天哪个先来
你我无法选择
唯一能做的是记住了
你出征之前的嘱咐

下午把阳台上的被子收了

晚上湿气太重

冰箱里的菜先煮来吃了
早点睡，晚上不熬夜
把父亲的电费缴了
记得给母亲说
回来包饺子吃

我现在就想吃饺子
不想等
我不要这寂寞的夜
一个人坐在窗前
看片片雪花的零落

一串熟悉的脚印
一个扎着马尾
穿风衣的女孩
在午夜的书房外
轻轻地敲我虚掩的门

心　事

家里没多少米了
仅够一个人吃
儿子壮年，胃口好，两顿饭当一顿吃
炖锅汤，汤泡饭

儿子端碗，看了看，你的饭呢？
我不想吃，喝点汤就可以了
儿子疑惑，打开锅，用勺捞了捞
转身，一言不发，狼吞虎咽

回　家

小时候从学校回家
刚好是铁环的长度
不长不短
一周就够了

整个寒假
玩着玩着
一晃就到了春节

现在，我在异乡
一座城市连着
另一座城市
一列高铁的距离
想着想着就到了

那个人

在夏天的味道里
满屋子的香气
来自我时刻爱着的
那个人

她在厨房
她在卫生间
她在厚厚的书架旁
她在我们共同生活的
房子里
像百合花一样
散发着
她的香气

平凡的自己

不是在屋内，而是在山野的某个角落
长成一棵树，或者一株野花
有名很好，无名也无所谓
自己绽放绿色和青春

父亲的庄稼地里也有很多
没有名字的小草或者有名的稗谷
它们一样的长大成熟金黄
一样的变成食物填饱饥饿难耐的皮囊

我常常坐在堂屋的石凳上
与时间共进退，斗转星移
呼吸新鲜的空气，让雨露滋养我弱小的身躯
用勤劳的双手把这破烂不堪的生活
创造得多一些生机与活力

把几粒牡丹种在春天里

清晨，父亲用铁锹

在院子里翻土

我用木桶提来水

他小心翼翼地打开纸包

让几粒牡丹种子

顺着掌纹滑进新鲜的泥土

父亲说，牡丹是个好东西

叶可做茶，茎可入药

等它长大了

就可以润泽自己的肺

看着父亲期待的眼神

我想呀

等花开了

姹紫嫣红

一定摘上一些

编织一个大花环

送给心爱的妻子

让她戴着

牵着孩子的手

幸福地走进夏天

猫　咪

住在屋后的悬崖上
每天，天未亮就出门
顺着紫藤爬下来
我是上厕所无意发现的
之前，常见它
睡在桌子底下
像我的亲人或者兄弟
一起吃饭
一起午睡

有时它也溜进屋子
在阁楼上巡视或者
小憩
母亲说，自从有它之后
我们家安静了许多
屋子里摆放的东西
再没被破坏过

一天中午
我无意中说起
那天凌晨上厕所见到猫咪

从紫藤上下来的事

大姐一脸惊愕

喃喃自语："以为是邻居家养的"

只有母亲淡定自如

双手搓着围裙

笑而不语

小花狗和猫

在一片瓦砾堆里
一只刚出生的小花狗
失去了妈妈

那些倒下的屋檐断墙
残忍地夺走了
一个慈祥的母亲
和它的手足兄妹

小花狗顽强地站起来
踉踉跄跄抖落身上的灰尘
她需要妈妈
她努力地走出残垣断壁
她向另一个墙角边
斜躺着的母猫走去

母猫正在给小猫喂奶
那白花花的奶子
是小花狗活下去的
希望
小花狗越走越近

喘气的声音越来越大
母猫抬头看了一眼
又平静地躺了下去

小花狗使劲靠了上去
一股热奶吮进嘴里
母猫睁开眼
喵了一声
又眯着眼
躺了下去

客　气

妻子的母亲
也是我的母亲
我们见面的时候
她总是小心翼翼地
问我吃了没，休息不
中午的时光很短暂
她对我的方式不觉得
我是她孩子
她生怕有什么
让我不高兴了
总是在我面前客客气气

一把弹弓

越来越多的鸟儿

飞进母亲的菜园

每次回家，父亲避开母亲

总给我说起："您妈老了"

她已没有了往日的强悍

与硬朗，田地里

种庄稼。干不动了

唯有菜园

成了她每天的心事

她施肥、浇水、除草和捉虫

小心侍弄每株植物

一如小心地抚摸着

年幼的我们

我买了一把弹弓

当着母亲的面

交到父亲的手上

"您菜园里的植物

再也不怕鸟了"

我对母亲说

父亲现在可以用弹弓

给您赶鸟

现在的父亲

站在屋后的柴垛旁
慢慢地弯腰，拿柴
这些轻巧的活，竟如此地费力
父亲曾是把劳作的好手
站在齐腰的水田里
他用力量传递崇高与荣耀

偶尔，我也调皮
把刚出水的藕尖摘下
当着父亲的面
像新生的种子
深深地埋在松软的泥土里

父亲的汗水

挂在雪后的树枝上
风一吹
就唰唰地掉
我藏在草丛里
嘴里接到的每一滴
都是咸的

按住白，就按住了我的一生

落下的黄叶，潜入雪中
露出的部分，让我有按下的冲动

纯粹的白是我的理想与追求
那些混在雪中的杂草
时不时地提醒我，在人生的每一段路上
要用天空赐予的雨水
洗洗这些发霉的伤口

一致的白，纯洁的雪
总是在每个黄昏
或者夜深人静的晚上
悄悄来临

上　班

每天六点起床
穿衣洗脸整理背包
然后乘电梯下楼
开车出发
这些行为
与我当农民的父亲
基本一致

早上起床
穿衣洗脸
坐在门口上
抽一袋叶子烟
然后扛着锄头
走出村口

唯一的区别
是到了秋天
父亲收获的是金黄的麦粒
和沉甸甸的稻穗
而我得到的
是一串串毫无生命迹象的数字

一个人的一生

坐在一把木椅上
想到土地
想到了土地上长出的森林
和森林里开满的野花
不知名的青草
虫子、鸟鸣
和伐木工人的鼾声

想到一棵树
想到了一棵树从幼苗的成长
到每一片叶子的
掉落

第四辑：自然法则

▼

蚂蚁和蝉

它们的经历

与我多么惊人地相似

在别处相见

蚂蚁与蝉
在同一片叶子上相遇
它们却视而不见
没有停下来看对方一眼

蝉在夏天里鸣叫
忙着蜕变
就像小时候的我们
盼望过年
穿上新衣

蚂蚁忙碌着
从一片叶子到另外一片叶子
用小小的脚
丈量着一根枝条到另一根枝条的距离
直到走完一生

蚂蚁和蝉
它们的经历
与我多么惊人地相似

鸽子在草地上飞翔

准备，出发
起飞的瞬间
一片树叶在前面掉下来
鸽子，偏离
扇动的翅膀
一张隐形
一张努力地展开
生活中的偶然很多
就像成长中的自己
有时欢喜
有时泪流满面

一个人的故乡

羊群伫立
天空长满绿树
老屋的山坡上
鸽群贴着草尖飞翔

我看见祖母
坐在竹椅里
与屋檐一起
沉默

去重庆

一周两次的往返
与一年春秋两季无疑
这些年
我用了半生的时光
去熟悉这段旅程
熟悉我年迈的父亲母亲
还有漂泊的
自己

天　空

大树底下

一只鸟起飞

它腾空而起，随风畅游

天空生机盎然

我在土地上

轻轻走动

人间便有了烟火

与子孙

河流与山川

一条河
在山的尽头
绕了几个圈
山
就不见了

出　发

一颗雨滴滑过机窗
后面的雨滴紧赶快赶
还是没有追上
只是在机翼的转角处
她们俩拥抱在一起了
我也是那颗追赶的雨滴
从不惑之年出发

雪

在秋天里下
草就藏在洁白里
不会燃烧
爱的人
站在秋天里
雪，就像燃烧的枫叶
越来越红

想　你

想你的时候在白天
一会儿太阳一会儿雨
哭泣的叶子
在阳光下金光闪闪
它如我的心情
沿着一条开满鲜花的小路
走一步停一步
走一步望一步

大风吹

在一截新修的公路上站着
大风吹，吹动我的外套
吹掉我眼前的纸屑和杂草
还有脚底板上的灰尘

夏天的太阳
在暴雨后也显得足够的温柔
我站立的地方
有一块广告牌的荫蔽
不远处的鸟鸣和蝉
提醒我该挪一挪位置

大风吹，吹掉我脚底板上的尘土
吹走我身边的纸屑和杂草
吹动了我向前奔跑的心

如果蝉是我的爱人

我愿用一把伞
站在太阳底下为她撑着
那热浪滚滚而来
我也愿意用汗水
为她铸一小块清凉

如果蝉是我的爱人
我宁愿自己趴在绿色的叶子上鸣叫
蜕壳，哪怕是付出
生命代价
也不愿意看她
整个夏天
叫，雪一样的爱情

如果蝉是我的爱人
我愿意默默地
站成一棵树
春天长出新枝，昌盛繁茂
为她遮风避雨
延续她一生的梦想与传奇

石宝寨

在长江以南，我以母亲的名义
抚摸您百年的沧桑
那些弯曲陈旧的木梯
承载着一个新城的梦想
站在人工修建的木楼顶端
一股悲伤从心底而来
纤夫们
打着赤脚，被绳深深地勒进生活
低着头，一步一个脚印
沉重地走在
这片曾经荒凉孤单的土地上
从寨顶下来
炙热的太阳火辣辣地映
在宽阔的江面上
一船江风
不紧不慢地从身旁经过
与河滩上招摇的水草
遥相呼应
此时此刻
我的悲伤
不由自主地化为奔涌的江水
一泻千里

巢，容下了我的一生

走在大地上
我是一只被抛弃的麻雀
卑微如草
那些深藏于丛林里的狼
龇着牙
不时地
从我面前一闪而过

我的优势
在于我的渺小
我会飞翔
能轻松地跃进
我的巢

我的悲哀
也在于我的渺小
我会飞翔
且容易死去

万州大瀑布

河在山顶之上
车在水中行驶
一群人
飞越峡谷
那是瀑布的影子

风，轻轻地吹拂
树在山腰瑟瑟发抖
河在山顶之上
我在半空中浮游

听我说

我发出的声音在叶下沙沙作响

走路的姿势

在雨中左摇右晃

吃饭的交谈

是初次见面的较量

那次拥抱

我不是故意的

要亲亲你的脸

风吹过时

裙裾高过你的大腿

苍茫的雪

铺满我的生活

每一次疼痛

我都身不由己

这棵树

与我一起度过了千年

墙壁上的洞

存在了许久

那个残缺的爱

在回忆里一年

又一年

云不是我想说的

收拾满屋子乱丢的书

纸和笔

我想起了

曾给你写的信

还有那些

无法忘却的记忆

人就是这样

东西丢了，找不到了

才会去追寻

就像这片雨后的云

在天空之上

不紧不慢地行走

并痛苦地

挣扎着

生　活

不善言辞的蛙
在井底张望
她的沉默
让我想起了
年少轻狂

昨天夜里
下了一场大雨
楼下那位
拾荒老人
不知现在何处
我开着车转遍了
大街小巷

今天没出门去
我等一个修空调的
师傅
儿子说
城里的夏天太热了
电风扇不起作用

一颗冷了的心

走着走着
忽然就散了
树叶不是一天变黄的
人心不是一天就冷的

守望的岁月
感情渐渐变淡
日积月累中
也会有
一半死了的心

爱着的时候
满心欢喜
就算是受到了委屈
也绝不放弃

雪下久了
心也冻成冰
无论多爱
只好一别两散
各奔前程

用心的爱

喜欢一个人
将温柔和体贴
渗透到另一半生活中

用心的爱
事事顺心
在男人的世界里
无处不在
就像初为人父
时刻守护着
自己的孩子

好的爱情
是有倾诉欲的
你侬我侬

深夜想起雪

雪落在草丛
落在老屋的房子上
与爷爷的白胡子差不多

有一年冬天
住校，某天晚上
下了一夜的小雨
我蜷缩在被窝里
冷凄孤独到天明
早上起来
小心翼翼地
推开门
突然发现
窗台门前
田野山川
全是洁白的雪

一个扎着双辫的小女孩
提着一个火笼子
正从宿舍的左边
走向宿舍的右边

我开门的声音
惊扰了她的宁静
她回过头来
胆怯地看着我

无　题

背对黄昏
在金色的秋天里寂寞
那些随风起舞的落叶
多么像我对您的思念

沏一壶茶吧
让一把陈旧的椅子
与夕阳窃窃私语

初夏的夜晚

以静坐的方式
在路灯下想一枝玫瑰
从天而降
她的冷艳和高贵
踩着薄薄的雾气
从一座城飘到另一座城

我喜欢这样
在妩媚的灯光下
与街道一起
将自己的思念
拉得越来越长

一剑封喉

今晚我俩互相提着刀
在胸脯与胸脯之间横亘
你命令我说清楚
必须在 11 点之前

我坐在车上犹豫
猜想你说过的每句话的真实
喜欢插花的女人
经常口是心非
我疼痛的尖叫声
有时也被对方
一剑封喉

种　子

有多少人和我一样
在长夜里找寻
光的温暖

他的孤独
是寂寞无助的

如午睡醒来的孩子
趴在村口石板路上
倔强地哭

对　话

蝉对着太阳
喊热的时候，就是夏天了

您穿着背心
坐在黑夜的边缘

门开了，一轮新月
从窗帘的缝隙中
走出来

我在您的臂弯
熟睡了

向上的力量

一棵小树
在屋檐下生长
它侧身的姿势
向着阳光的方向

一团火焰
从石头的缝间
燃烧起来
枯萎的野草
成了它向上的力量

我站在十字路口
畏惧的不是泥泞
我要找到北斗七星的位置
前行的路上
有一盏灯
始终指引着我

深夜的鸟鸣

不知道为什么
每天晚上
都在小区急促地叫
声音愤怒而孤独
或许，只有深夜
才是你的世界

深夜的鸟鸣
让我想到了老家
屋檐上的巢
和人走茶凉的现实

第五辑：找寻自己

▼

在这和谐共生的美好时光

我与自然

浑然天成

在自己的世界里

我想看草原
像草原一样辽阔深远
我想
是一粒种子
尽可能地在草原上
开出洁白的小花
哪怕只有一天的光阴
也能风光无限
我还想是一滴水
一滴历经磨难后的泪水
虽然不能汇聚成河
但也可以让我心的天空
变得像大海一般无比深蓝

问自己

整过人没

偷过东西没

说过别人坏话没

遇到事情

发过火没

无缘无故

浪费过粮食没

还好，还好

问了一下自己

天空掠过一只飞鸟

一只飞鸟
从巴东的天空飞过
他的影子
在峡江的转角处
另一只
正从他起飞的地点
出发
找寻他自己
想要的天空

阳光下的候鸟

在水面上
它的头昂扬向上
迎着春天的暖阳
向花朵报告

一群人
路过岸边
相机快门的声音
让它选择包容

在这和谐共生的美好时光
我与自然
浑然天成

我想静静

一个人站在阳台
晾衣，收拾杂物
每一件物品都能让你想起一个场景

这双鞋是我陪妻子买的
那天为了这双她心仪的白色板鞋
我们冒着细雨逛了两条街
这个遥控车是儿子的心肝宝贝
那时儿子五岁
为了这辆车
他攥着爷爷的手
在商场的橱窗前
逗留了一个上午……

我想一个人生活
独居，独处，准确地说
我想静静
我想在俗世的人间
找一份孩童时的天真与单纯
而这些
总是不停地让我想起更多

没有一件事真正属于自己

在世间
鸟可以自由地飞翔
但死亡的时间和地点不容自己选择
禾苗可以在季节里自由地生长
但收成不是自己能决定的
我在人间活着
思想可以无拘无束
行动却是在规则里

中秋节

天上的星星看着我
地上的一颗星星在我身旁
我蹲在小区草丛里
找呀找
儿时的一滴泪
跑了出来

日　子

从起床开始
那些漏掉的米粒在洗碗槽里
说着话
水声和擦桌子的声音
亲切地交谈着

我的秘密
红薯、萝卜、汤圆和面条
在饥饿的日子里
一茬一茬
均匀地呼吸

深夜醒来

用手机阅读外面的世界
此刻，世界不一定
和我一样安静

两只羊在山顶上交配
一只蚂蚁
在一截树枝上
紧赶慢赶

世间万物
一切皆有定数
我也不例外
此刻，正在奔向
绝地反击的路途

世　道

不是用一两件事
就能证明清白

月亮经过水井的边沿
月亮已经掉到水里了
我常做梦，梦见
水井里的月亮不见了
这种年份，一定是大旱
即使偶尔下雨
也找不到我要的水井和月亮

就像今夜
我躺在酒店的床上
等待
被陌生的城市
贩卖或者收割

开　春

太阳照在山坡上
父亲的犁从屋梁取下来
顺着一条长满杂草的小路
在拐角的冬水田里蜿蜒行走

一群鸭在不远处的草堆上
歪着脑袋
用怀疑的目光
打量我白花花的大腿

这尘封了一个冬季的雨水
在鞭子和吆喝声中
一圈圈放大
并荡漾开来

理想的生活

在兴盛街

我想建一幢房子

不大不小

够年老的我们一起生活

在春天到来时

盛一壶山泉泡茶

在温暖的阳光中

慵懒地躺着

也可以在冬天来临后

在草坪上

堆雪人

在缓慢的时光里

细数我们远去的青春

一面镜子

一面镜子

破碎了

放在一起

会折射出

许多不同的光

心碎了

也会生出许多

不一样的想法

能够坐下来

想想当年挂镜子的场景

能够平抚

一下情绪

让心缓过劲来

也许

生活就会是

另一番风景

中　年

站在十字路口也不徘徊
剩下的时间珍贵
我要赶路
在某个山头或者路旁
即使不能成为自然的孩子
心中的一盏明灯
也要变成一块石碑
矗立在醒目的地方

第六辑：凝望生活

▼

在熟人面前是熟人
在陌生人眼里
仿佛他乡是故乡

蓝色是可爱的

站在山下仰望
天空一片蓝色
那些絮状的云朵
也是蓝色的
我曾走向深蓝的大海
海水也是我
意想不到的那种蓝
她的深邃
她的辽阔
让我萌生少年的
勇气

我确定需要一首诗来提升我的生活

这个雨天

不愉快的事发生得太多

一个不怎么熟悉的人走了

就在昨晚，她的女儿在朋友圈发出消息

一是悼念，一是告诉天下的亲朋

我也在犹豫中决定了慰问

另一个话题与赌博有关

那些长年累月

喜欢在牌桌上的人

为什么会如此固执

无论输多少钱

都会义无反顾地勇往直前

哎，我也是空操心

不如选择写一首诗

来提升我纷杂的生活

火　焰

在一块墓碑下
我点燃一堆纸钱
和枯草
那明亮的火焰中
闪耀着一个慈祥的老人
我的奶奶
在很小的时候
她同样用闪烁的火焰
温暖着我
现在，每年的二月
我和我的儿子
站在墓碑下
用一束燃烧的火光
换来年的春天
和生生不息的火种

乡村二月

对面的山坡上
芍药从僵硬的泥土
钻出来
张开了殷红的臂膀
池塘边　一棵倒垂的柳树上　长出了
些许鹅黄的芽

你看　你看
寒风吹拂过的脸
在崎岖不平的小径上
多么明媚
正午的阳光簇拥着
嬉戏的孩子
叫醒了
沉睡一个冬的村庄

二月的野草披着鹅黄的风衣

铺一把简易床
在浅色的天空下
二月的野草披着鹅黄的风衣
在温暖的阳光中
坚强地挺立

喜庆的鞭炮声
从一个村庄传到另一个村庄
一群母鸡在草地上悠闲地觅食
公鸡站在不远处的柴堆上
观察着
我的一举一动

从中午到黄昏
耳朵里全是音乐的旋律

乌　鸦

我肯定

在层檐上飞的

是燕子　是麻雀

乌鸦

喜欢荒芜与凄凉

小时候

我经常看见乌鸦在草丛

或偷偷地

藏在邻居家的柳树上

呜咽

呜咽地哭

认识自己

那个站立或者转身的都是自己
我不知道风会向哪个方向吹
有时候我喜欢蹲着
在太阳炙烤的大树下
在空旷寂寞的操场里
一个人躲在来时的路上
凝望

山　民

倚水而居
从山上搬下来
就和麻雀、乌鸦一起
共同生活
从未惧怕过暴风雨
连那些饥饿
的臭虫、蚊子
也能共生共荣
友好相处

只想长大

一枝青色的蕾

坐在悬崖峭壁上

摇晃

那些

枝条长出的命

与我有关

那些人心叵测的风雨

与我无关

我只想快点长大

想在金色的秋天里

长成

一枚

弯腰的果子

清　晨

躺在床上
一只蜘蛛从天花板上
快速地滑下来
长长的细丝
让它收放自如

我也想睡回去
人到中年
半夜醒来
常常被各种事侵扰
只能靠思考活着

与蛛网差不多
密密麻麻地织满自己

回家的女人

座位上的女人
我不认识
从肩上的挎包看出来
她是一个回乡人
在春节前
带回一些特产
或许是给孩子们的礼物
"轻轨再过一站
就到了"
她转头
对同行的伙伴说
脸上的笑容
满满

一句话

可以止纷争
也可以杀生
小时候
我就用一句
让母亲帮我
杀死了一只蚂蚁

伤

大风之后
树，还是掉了几片绿叶
母亲的刀
在院子的柴火堆上
整齐的枯枝
提醒自己
将被灶检阅
我站在冬日的阳光下
丝丝寒意
直达温暖的内心

春　节

在故乡

一句话可以换回

一块良田

在举家外出打工的日子

曾经有着隔膜的邻居

再次回到老家

也变得大方起来

旧事已忘

乡情更浓

见面说话握手带劲

口袋里装着特产

像亲戚一样

每天相互吃饭喝酒

围着村子转

在熟人面前是熟人

在陌生人眼里

仿佛他乡是故乡

母亲的呼唤

小时候
母亲经常把仅剩的红薯、萝卜
放在锅里
熬成粥
抵抗饥饿的童年

那些年
我们家的灶台
常处在冷热之间
每当夕阳西下
邻居家的炊烟升起
母亲的呼唤
便响彻了整个村庄

在旅行中遇到了你

她是一只奋飞的鸟

经常从南方飞到北方

北方的雪晶莹剔透

如同她的质朴和善良

她是一朵静静绽放的莲

在最美的七月

画下水中的绿

我多么愿意

多么愿意和她一起分享天空的秘密

哪怕天涯海角

哪怕山高水长

我看见阳光在树枝上跳舞

冬日，久违的阳光

出现在窗棂上

一只蜷缩的小灰雀从被窝里

探出头来东张西望

我站在走廊的出口

看见一束阳光

在秃顶的树枝上

跳舞，它那优美的舞蹈

一会儿旋转在黑色的地板上

一会儿印在红白相间的屋檐上

卧床一冬的邻居老爷爷

端着一把藤椅出来

坐在了视野开阔的地方

一边品着茶

一边用手机拍照

醒来时刻

一只梅花鹿在窗前张望
屋子里热气腾腾
让它感到了温暖和希望
这是梦中的影像

有一年
我在雪中徒步前行
途中，遇到一只饥饿的狼
在后面追着我跑
森林中的小木屋
拯救了我的青春和肉体
在我用尽最后的一点力气
堵住门的时刻
我听见了狼
绝望的哀嚎

身不由己

在村头的树林里
有块洼地
刚好建一座城
城里住着国王和我
每天，我在桂花树下
与一群蚂蚁交谈
那个拄着拐杖的大象
偶尔停下蹒跚的脚步
驻足，我的秘密
有只灰喜鹊
常常站在树梢上
偷窥，在这片树林里
我没有自由和秘密

迎接新年

迎接全新的风和露珠
迎接属于我们的未来

我想和您一起出门去
看白雪覆盖的山冈
看小河深锁的乡野
看黄昏的乡间小路上
行色匆匆的赶路人

愿　望

挂在树梢
结一个红灯笼
掉在地上
噼里啪啦地响个不停

她的心思呀
在乡野
在地球的另一端
在来年的雨中
滴答滴答

第七辑：平凡之路

▼

有人
把爱种在土里
花一开
欢喜就溢出来啦

梧桐树上的小虫

雨落在梧桐树上
那只绿色的小虫躲在叶子下面
微风吹来
它牢牢地用触角抓住
我经过的时候
看见它晃来晃去
仿佛看到了活在人间的自己

雨江南

这个名字
是我自己取的
以前我叫江南雨
只想那么一小点一小点
不能汇成大江大河
能帮父亲浇块玉米地
也行，现在我长大了
向往着山外的天空
那些一岭一岭的绿
撩拨了我改名的想法
雨江南
江南沉入烟雨中

别向我下手

那些气话是说给空气听的
我知道空气流动的声音影响了你
别向我下手
那些文字是写往天堂的
告诉你
我只在磨难中重生
不要揣摩我的心情
我上山打望过
隔河对岸的女子
她只在我绝望的呼唤中
一次次地回应

我撕心裂肺的哭泣
放过我吧
我的仇人
我已在熟睡中
一次又一次
杀死了
坦诚的自己

我对大海的想象和向往

下雨天，周末
我待在西部
城市的家中
那个打电话的人
在三亚的海边
不时用贝壳和椰汁
与我连线
我对大海的想象和向往
绝对不亚于
小时候
我对书本上中国南海的
膜拜
如此辽阔的祖国
我怎么能虫子一般
偏居一隅
蛰伏床上
应该像风信子
三月一到
使劲地飞向大地的
每个角落

他在讲课

内容与孩子有关
就像砍柴的母亲
常常自言自语
他在讲课
我在看诗
这本厚厚的集子
就像是我的孩子
抱在左手左手发酸
放在右手右手
沉重

羔　羊

在豆花店门口
一群人盯着几只羊看
羊奇怪地打量着我们
拿刀的男人走过去
像抓小鸡一样抓住一只羊
羊，咩咩地叫
眼睛不停地看着一群人

我抬头
看了案板上叫着的羊
也看了看围观的一群人
老板正拿着水盆
从屋内走出来
递给了拿刀的男人

男人把刀放在脸盆上
揉了揉手
羊在案板动了动四肢
惊慌失措
我在旁边的椅子上
不由自主地流出几滴泪

规则里的人和树

一棵树站着
在深夜的地铁口
另一棵树也站着

他裹着厚重的棉大衣
他在等从地铁
里出来的人

旁边的门开了
从门里走出来一个女人
她关门，锁门
不停地回头张望
升起的热气
从路灯的光亮中
冒出来，她鲜艳的围巾
在深夜的冷风中点燃
她也在等一个人

一棵树站着
在深夜的地铁口
另一棵树也站着

雪　野

雪地，野兔，犬
酒与凛冽的风

我站在一棵干枯的树下
等一个
长发及腰的女人

日常生活

此刻，那个点外卖的女孩
正在等待年轻的骑手
行道树边，阳光一寸寸地
安抚那只找路的蚂蚁
工人们太调皮了
蚂蚁的家一次次被拆掉
一次又一次地重建

树和鸟儿是知道的
四季和风是知道的
这个城市不分昼夜
每天在叮叮咚咚声中
醒来与睡去

一只獾在深夜里潜行

它的目标是那个大于
它三倍的黑影
在朦胧月光笼罩下的丛林
我看见一双绝望的眼睛
被冷风吹来吹去

让一些悲伤成为我的棉

在床上
它温暖过我的父亲
早些年
家里常常夜不能宿
冷风走过四壁

现在
我更渴望它
躺在山野
或者房屋的顶上
让薄雾覆盖下的雨水
成为我心中
永不释怀的悲伤

信　任

每天醒来
第一件要干的事
就是打开手机
看昨夜发生了哪些新闻
就像每天起床
先喝一口水
淡化血液浓度
我不知道这些行为
是不是对的
我也是听别人讲的
我相信别人
这世界就多了一份美好

生存方式

不是所有的人
都习惯于行走
他们生存的方式
有时候像候鸟
从南到北
追着太阳走
有的像蝙蝠
夜出昼伏
大隐于市

我要做一条
特立独行的菜青虫
潜伏在叶子的背面
用锯齿状的口
一点一点地
咬出一个小洞
仰头偷窥上面的天空

自画像

那些低矮的檐
在小小的麻雀面前
是一座座高大的山
能遮风避雨
也可以努力展翅

其实父亲和我
也是只小小的麻雀
从年少到中年
一次次地飞过屋顶
飞越高山又回到屋里
舒服地活着

种　爱

有人
把爱种在土里
花一开
欢喜就溢出来啦

那　时

叶未黄从天而降
夜雨的天空中
出现闪亮星星
我在宽宽窄窄的小巷
遇见您

那时花正开
正是人间四月天

现在的我呀
心在浅浅的荷塘
在老屋的泥土之上
那些离家出走的少年
什么时候
是归期

她和他

她在沙发一角玩手机
他在沙发一角看电视

他俩互不干涉
像小区楼下
两棵并排站立的树
一棵向上生长
另一棵也向上生长

她不时抬头看他一眼
他也不时朝她瞅一瞅

虽然没说话
但沙发相连
跟楼下并排站立的树一样
虽未拥抱
根与根却绞在一起

护士与母亲

她扎我手的时候
我盯着她看，她像极了玫瑰
带刺的玫瑰，笑靥的背后
是我钻心的疼，这种痛
不是我身体的感知，她来自母亲对我品性的撕裂
每次与我说话
母亲总是拉着我手
笑盈盈的背后隐藏着某种玄机
某种坚不可摧的力量
让我束手无策

我人生最大的悲哀
不是这个时代赐予的结果
两种不同土壤
长出的谷禾
一定会出现
多种不可假设的收成
就像刚才，她带着笑靥
拉着我的手，涂上酒精
随着指尖的轻轻律动
我的痛一直在心底

拔火罐

此刻，我多么像一块开花的石头
静静地趴在医疗床上
面朝大地，向上呼吸
那些温暖的掌印
如此紧地贴在我心里

好好卧下，肚皮挨着毛毯
不能受凉，波浪形的火罐
在背的上部、中部、下部翻飞
它们每一次舞蹈都是一次浴火重生

我也是怀着这样的目的
从厚重的土壤里
一次次地蹲下
一次次地站起来
抖落满身灰尘
艰难如蚂蚁般地
向开花的石头走去

鸽　子

在窗台上斜视
她警惕的眼睛盯着
窗外的天空
一只鹰在空中盘旋

姐姐在厨房做饭
她切菜的声音
让我想起鸽子最终的归宿

我们都应有孩子一样的心境

在检验科
一个病人的孩子
在人群中穿来走去
他不怕这个细菌成群的房间
每个动作与行为
都微笑着进行

他的同类
我们这些长大的孩子
一个个眉头紧锁
面戴口罩
无助的神色
让孩子无法得知
成人的世界
到底是风
还是冰冷的雨

四月回乡

雨水过后的村庄
一片晶莹剔透
绿色覆盖着整个老屋
一只年轻的灰雀站在电线上
两只眼睛死死地盯着
我这个进村的"陌生人"
我猜想，它一定是老灰雀的后代
或者是从外村刚飞来的
不然，它怎么会不认识
在这里长大的我呢

关　系

站在这里
可以看见白云缠绕的山峰
青色的草地
以及刚从天空滑落的雨水
也可以听见
风呜咽的鸣叫
和门窗彼此起伏的颤抖

而隔着玻璃的心
却永远无法
在有限的生命里
触碰和拥抱

我应该看清那些虚假的情感

车子受伤了
猫趴在伤口上
大山里盘旋的鹰
巢藏在悬崖深处
葱绿的密林里
有毒蛇和野性的花豹

我在夜里赶路
常常会遇到绽放的野花
和蓬松的青草
一不小心
就掉进猎人设置的陷阱

前面提着红灯笼的女人
也可能是从唐朝
穿越而来
她白得耀眼的衣裙
让我看不清
方向

让土地治愈生病的人们

在医院高兴的事
不是诊断结果
是和医生交流的过程
你会看到一座座山峦
那些暗藏云雨的峡谷
一瞬间
让你心潮起伏
一行热泪
一段对白
悟透人间

如果岁月可以更替
如果天空能自由涂抹
我想和医生做个交换
让那些生病的人们
贴近丰沃的土地
春风吹又生

第八辑：我的自白

▼

我看见

孤独的星星

在水中打了个寒战

夜 读

如草原上万马奔腾
甩鞭人一声哨
我的蹄，一阵紧跟一阵

疾驰的马儿啊
你哪里知道
我和甩鞭人
有一个生死约定

四月的雪

昨天回家的路上
我看见大修厂旁的槐树开花了
一群人在树下议论
今天，天气突然降温
中午我路过，洁白的花
有些像雪
街道上无一行人

黄泥塝

一条腰带缠绕全身
从上到下看不到一点黄色

艳丽的短裙
配上灰色的小西服
我的女人藏在塝的中央

不喧嚣。每天早上七点准时出门
一前一后，像两个行驶的车轮
不打扰，也不说话

梦中的小孩

那是谁家的孩子
在梦中与我相遇
他拿着一根小小的竹篙
蹑手蹑脚地向我走来
嘴角上扬着坏坏的笑
不出声，轻轻地
给椅子上小憩的我
挠痒痒

像儿子，淘气与调皮
也像小时候的我
有意无意
捉弄自己的父亲

春天来了

村庄，在雨过天晴的云彩里
静穆而祥和
母亲拿出穿了一个冬的棉袄
晾在两棵柚子树之间
墙边的芍药、桃花、李花
娇艳欲滴

四月的青草
在小院两旁疯长
藏了一个冬的蟾蜍
从松软的泥土里冒出头
一只正在啄虫的公鸡
停下脚步，伸长脖子
睁大了惊悚的眼睛
父亲挽起裤管
打着赤脚
从屋梁上取下犁头扛在肩上
手中的鞭子让牛儿
走出圈来
一声吆喝
春天便在小村里荡漾开来

自以为是

动物与人的疏离
是文明社会的一场灾难

自以为聪明的人
活在这世上
不如废墟里一粒种子
适应环境，胸怀天下

你看，你看
那些与自然作对的人

砍光树的
土地成了荒野
不出庄稼和粮食

污染水的
死了鱼虾和植物
最后只剩自己的
眼泪

童 年

虫鸣四起的村庄
一轮明月在水中悬挂
心细的姐姐怕嬉闹的弟弟
找不到回家的路
把一段红绸系上竹篙
搁在池塘连接家的路上

夕阳趴在窗户上

从窗户看出去
山就在眼前
像一张画
嵌在玻璃里

我不起身
电视播着某地下雨
雨淋湿了
向往的山野
从客厅出发
夕阳趴在窗户上
屋里闪着金光
我就是一处绝版的风景

找回自己

什么时候把自己弄丢的
我不知道

在川流不息的
街上
我看见汽车
在醉酒的公路上
来回闪躲
边走边看，风也心痛
一不留神
人行道上的树
已经长满了新叶

夜行人

他提着陈旧的马灯
从对面的山坳走出来
身后一片漆黑
我躲在大石头的后面
微弱的烛火
一闪一闪地从眼前飘过
丛林深处
有枯枝的异响
一头狼像人一样坐在高处
认真地观察和思考

夜行人
走得很急
脚步带着风声
一眨眼消失
在茫茫林海

移情别恋

那片叶子贴着那片叶子睡着了
那根枝条雨中孤独地哭泣
我困在树下
流着无助的泪水

不是呀，我原来是你
亲密的爱人
我们相依
在阳光明媚的春风里
拥抱、亲吻……

如今，我眼泪汪汪地
看着，看着你紧贴着那片叶子
和那片叶子的幸福
雨，越下越大
我困在树底，松软的泥土
已经凉了我赤裸的双足

家乡的苹果

一只光滑的苹果

进入客厅篮子里

在众多的果蔬中

我就选你了

给你严严实实的小心

给你清水般的疼爱和抚慰

当某个时刻某把小刀

和一只纤细的手

拿住你

原谅我，不管是千刀万剐

还是温柔相待

你纯洁的肉体

一定能填饱

我饥饿的乡愁

忠　诚

没想过燕子
对爱情会忠贞不渝
没想过
春天的雨水会让花朵
产生感情
没想过父亲和母亲
会把原本不相干的我
带来这个世间
并让我成为
他们骄傲的儿子
从此，劳作、苦难
幸福伴随一生

夏水在北

一口池塘
一条小溪
铸成了河流之魂

我的爷爷
站在山冈上
俯瞰魂之巅

我的父亲
在有我之后
醉卧这条河

我的使命呀
是做一只飞鸟
越过山冈
越过河流

阳光明媚又和煦

天为纱地为床
阳光明媚又和煦
俯身亲吻我的额头

青草伴着泥土的芳香
清脆的鸟鸣
还有那些不知名的小虫声
也在呼唤我的乳名
这是我童年的记忆

在故乡
不论什么姿势
都能让我很快地进入
梦乡

我的自白

钉子不管怎么敲打
钻进墙里
从不说话
小时候
做了错事
父亲总是拎着
我的耳朵使劲往墙上撞
哪怕头破血流
泪流满面
也只能咬紧嘴唇
沉默不语

年轻时
经历过
一场轰轰烈烈的爱情
双方爱得死去活来
终因抵不过诱惑
劳燕分飞

那段时间
我把自己锁在

老家里
和那棵生长了
百年的银杏树
夜夜私语

现在双鬓染白发
已入中年
常常被家中的老人和孩子
步步紧逼
再累也不敢抱怨
拖着伤痕累累的身体
把苦藏进心里
做出撑天的坚强

今日小雪

下午，太阳从窗口过来
我的床有些余温
一个人习惯了
在冬天里蛰伏
有点像休眠中的蛙
藏在泥土
或者厚厚的草丛
时不时向天空
大叫几声

受伤的麻雀

雨后，一只受伤的麻雀
困在小区花园的地上
像我有点犹豫
不敢出这道门
经历多了，伤痛也多
曾经展翅飞翔的臂膀
如今被大雨淋湿
没有了往日的力量
困在花园，扑腾扑腾
这只受伤的麻雀
此刻，多么像
困在屋子的我
孤独、无助与彷徨

我坐在楼梯上

从窗口看夕阳
夕阳如飞鸟
在眼睛里一跃而过
我站起身来
走上楼顶
看见远处一只喜鹊
和一朵云
从夕阳身边快速地
飞过

那朵莲

两只眼睛
盯着我看，也盯着墙壁上
那朵莲
一条河流从上而下
打湿了我全身
也润泽了
您渴望的双眼

遐　想

星星挂在天空上

为一湖水发愁

一只夜宿的鸟

从岸边的柳树上飞了起来

一群鲤鱼

在水面上快速地游动

刀锋的脊

划出优美的光芒

我看见

孤独的星星

在水中打了个寒战

把自己交给一本书

一本书能带给我多少快乐
从早晨到深夜

我的手和眼睛
都在与这本书相亲相爱
书里有山丘，有哒哒的马蹄
有心爱的人裹着纱巾
从裸露的石头上款款而来
我放下自尊，跪在千米之外
以一个朝圣者的身份
双手合十

一本书带来的欢乐
早已超过了一百次神的庇护
在生命未终结之前
我愿把自己郑重地
交给一本书
一本可以容纳世间万事万物的书

你和我

一个天真无邪的小女孩
围着母亲来回地转
在铁路进口
等车的时间
女孩与母亲交流的方式
让我想起小时候
在乡下放牧
——水牛和我

你听
那进站的列车
一声长鸣
多像水牛的叹息

叶子和鸟鸣

在房子的上面

一群鸟与一片林子发生了争执

林子不待见这群鸟

常借风的力量

弯腰点头拒绝

显礼貌和有修养

鸟也很懂事

喧嚣和小憩后

留下丰富的肥料

让土地和树不吃亏

只有房子和房子的主人

常常仰天长叹

或者沉默无语

偶　遇

西山并不靠西
对于每个初次来昆明的人
都想与滇池谈一场生动的恋爱
那个穿短袖的女人
在晴朗的天空下打伞
她在缆车上拍照时
我记住了她的模样

一只鹳在远处的人工堤上
啼鸣，低空盘旋
浩渺烟波
水天一色

这是二〇二〇的九月二十五日
在云南昆明
我举起相机
将一个陌生女人的美
定格——

睡　觉

一个人睡觉的地方很多

客厅的沙发里

门口的长凳上

工地的梯步间

我也经常到处睡觉

小时候

奶奶的柴垛里

学校的课桌上

现在，我每天

不停地向外跑

动车里，飞机上

某个城市酒店里

偶尔，也回乡下

住老家，睡在一张

有百年历史的木床上

与一只虫子共享午后的阳光

躺在院子的椅子上

两只小灰雀

站在屋檐

用喙，整理零乱的羽毛

它们刚从雪中来

还没去掉风尘

一只虫子

从下往上爬

我看它不紧不慢

走到扶手

应该就是春天了

后记：书写生活的诗意

写诗对我而言，就像是小时候在农村玩泥土，至于作品怎样？让有缘人评去。我的职责就是把当时的想法和心境尽量用简洁的文字表达出来。

在众多的现代诗风格中，我特别喜欢口语诗。口语诗通俗易懂，率真诚恳，有一定美感和志趣，能让读者在沉闷的生活中看见些许光亮、一丝惊喜、一点意外。这些从心底深处喷涌而出的真实想法，不论是过去，还是现在，它们都是我的写作动机。

在别处见，注定此生不会停留。有朋友问我："您为什么那么拼呀？何必要把自己弄得那么辛苦。"我问过自己，累吗？是的，肉体上确有疲惫，精神上的确承受着一定的压力，但是，这些转眼即逝，更多的是在具体干事过程中独享的欢乐。

这些年，利用节假日读书、工作，立足岗位搞研究，总有一种历史的紧迫感在推着我不停地向前走，大脑长期处于超负荷运转状态。

诗歌这时候发挥的积极作用，就像是夏天的一杯凉茶，不仅解渴，还能平复心烦气躁，实在是一种高明的"玩法"。不信您自己去读那些写山画水聊乡土的诗，那些谈情说爱关注日常生活的诗全都有此痕迹。

在别处见，不求首首满意。只要您抽空翻阅了，哪怕只记住一两句，我都心存感激。

在别处相见，不仅有自己的方式写作，还要有您的参与或者共鸣，我的努力才没白费。

在别处见，在别处相见。用自己喜欢的方式在这个世间好好活着。

2022 年 5 月 14 日于重庆

图书在版编目（CIP）数据

麦子熟了 / 雨江南著. -- 武汉 ：长江文艺出版社，
2025.5
ISBN 978-7-5702-3313-7

Ⅰ. ①麦… Ⅱ. ①雨… Ⅲ. ①诗集－中国－当代
Ⅳ. ①I227

中国国家版本馆 CIP 数据核字（2023）第 159214 号

麦子熟了
MAI ZI SHU LE

策　　　划：王瀚蝶	书名题写：曹庞沛
责任编辑：胡　璇	责任校对：程华清
封面设计：杨纤纤	责任印制：邱　莉　王光兴

出版：长江出版传媒　长江文艺出版社
地址：武汉市雄楚大街 268 号　　　邮编：430070
发行：长江文艺出版社
http://www.cjlap.com
印刷：湖北新华印务有限公司

开本：880 毫米×1230 毫米　　1/32　　印张：7
版次：2025 年 5 月第 1 版　　　2025 年 5 月第 1 次印刷
行数：4277 行

定价：58.00 元